Bärbel Oftring

Mit Spatz und Star durchs ganze Jahr

KOSMOS

Aus dem Inhalt

Hallo du!

Ich bin ein Spatz. Tschilp! Mich hast du ganz bestimmt schon mal gesehen, wenn ich auf dem Boden herumhüpfe und hier und da kleine Brotkrümel aufpicke. Oder wenn ich mit meinen Freunden lärmend im Gebüsch hocke. Tschilp! Ich bin so wie du in Dörfern und Städten zu Hause. Andere Vögel leben in Garten und Park, im Wald und auf dem Feld. In diesem Buch erfährst du, was wir Vögel im **Frühling, Sommer, Herbst** und **Winter** alles so machen – und wie du uns helfen kannst. Am Ende jedes Kapitels werden dir Vögel vorgestellt, die du zu dieser Zeit gut beobachten kannst. Jetzt wünsche ich dir viel Spaß und ...

Tschilp!

Jetzt wird es Frühling!

Draußen erwacht nun wieder das Leben. Die Vögel scheinen sich – genauso wie du – an den helleren, wärmeren Tagen zu erfreuen und begrüßen singend jeden Morgen. Die Zugvögel, die den Winter im Süden verbracht haben, kehren jetzt zu uns zurück: denn Frühling ist Brutzeit. Eifrig bauen viele Vögel die verschiedensten Nester. Spatz, Star und Co. beziehen Bruthöhlen und Nistkästen. In diesem warmen, schützenden Heim brüten sie und ziehen ihre Küken heran.

Was machen die Vögel im Frühling?

Arbeitsreiche Brutzeit

Wenn draußen die Vögel wieder singen, weißt du, dass nun die Brutzeit beginnt. Ab Februar besetzen die Vögel, die den Winter bei uns verbracht haben, geeignete Reviere. Die Rückkehrer aus dem Süden tun dies im März und April. Wichtig ist es, einen guten, geschützten Nistplatz zu haben und natürlich genügend Futter für Eltern und Küken. Um Artgenossen aus dem Revier fernzuhalten, bauen die Vogelmännchen mit ihrem Gesang einen „Zaun". Mit den Liedern locken sie übrigens auch die Weibchen an.

schon gewusst?

Spatzen bleiben auch in der Brutzeit im Trupp beisammen und brüten in einer Kolonie, etwa unter Dachziegeln, in Nistkästen oder im Efeu an Häuserfassaden.

Singend markiert das Buchfink-männchen sein Brutrevier.

Für Vogelforscher

Die letzten Rückkehrer aus südafrikanischen Gebieten sind Weißstörche, Kuckucke, Schwalben und Mauersegler. Sie treffen im Lauf des Monats April bei uns ein.

Allein oder zu zweit

Die Wintergemeinschaften von Buchfinken, Erlenzeisigen und anderen Vögeln lösen sich im Frühling auf. In der Brutzeit sucht jedes Vogelpärchen ein eigenes Revier. Bei den meisten Singvögeln und Spechten füttern beide Eltern die Küken, bei den Stockenten nur die Weibchen.

Zurück aus dem Süden

Nach und nach kehren auch die Zugvögel aus ihrer südeuropäischen oder afrikanischen Heimat zu uns zurück, um zu brüten. Zugvögel sind bei-spielsweise Grasmücken, Schnäpper, Rotschwänze und Schwalben. Sie ziehen hier ihre Küken auf, weil die Sommertage bei uns länger sind als im Süden. Dadurch können die Vogeleltern jeden Tag länger auf Insektenjagd für ihren Nachwuchs gehen.

Die Gartengrasmücke freut sich über die dunklen Beeren.

Ran ans Nest!

Vielfältige Nester

Alle Vögel legen Eier. Sie bauen ein Nest, in dem sie die Eier ausbrüten. Es gibt die unterschiedlichsten Formen von Nestern, für die die Vögel die passenden Plätze wählen.

Störche nutzen jedes Jahr denselben Horst und bauen immer weiter daran herum.

Wo nisten unsere Vögel?

→ Enten und viele Küstenvögel bauen ihre **Nestmulde** in eine flache Bodenvertiefung, die sie mit Gras, Tang und Federn polstern.

→ Spechte schlagen tiefe **Baumhöhlen** in die Baumstämme. Weil sie die Höhle nur einmal benutzen, brüten im nächsten Jahr Meisen, Kleiber oder Eulen darin.

→ Greifvögel, Reiher und Störche bauen riesige **Horste** aus Ästen und Zweigen, die mehrere Meter hoch werden können.

→ Viele Singvögel flechten sich ein **napfförmiges Nest**.

→ Zaunkönig, Zilpzalp und Elster errichten ein **kugelförmiges Nest** mit Regen- und Sonnenschutz.

→ Mehl- und Rauchschwalben kleben **Lehmnester** an Hauswände und Stalldecken.

Die napfförmigen Nester vieler Singvögel sind kunstvoll geflochten.

schon gewusst?

So kannst du ein Elsternnest von einem Eichhörnchenkobel unterscheiden: Elsternnester befinden sich ganz oben in der Baumkrone und haben ein Dach, Kobel liegen nahe am Stamm.

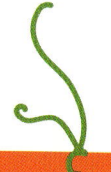

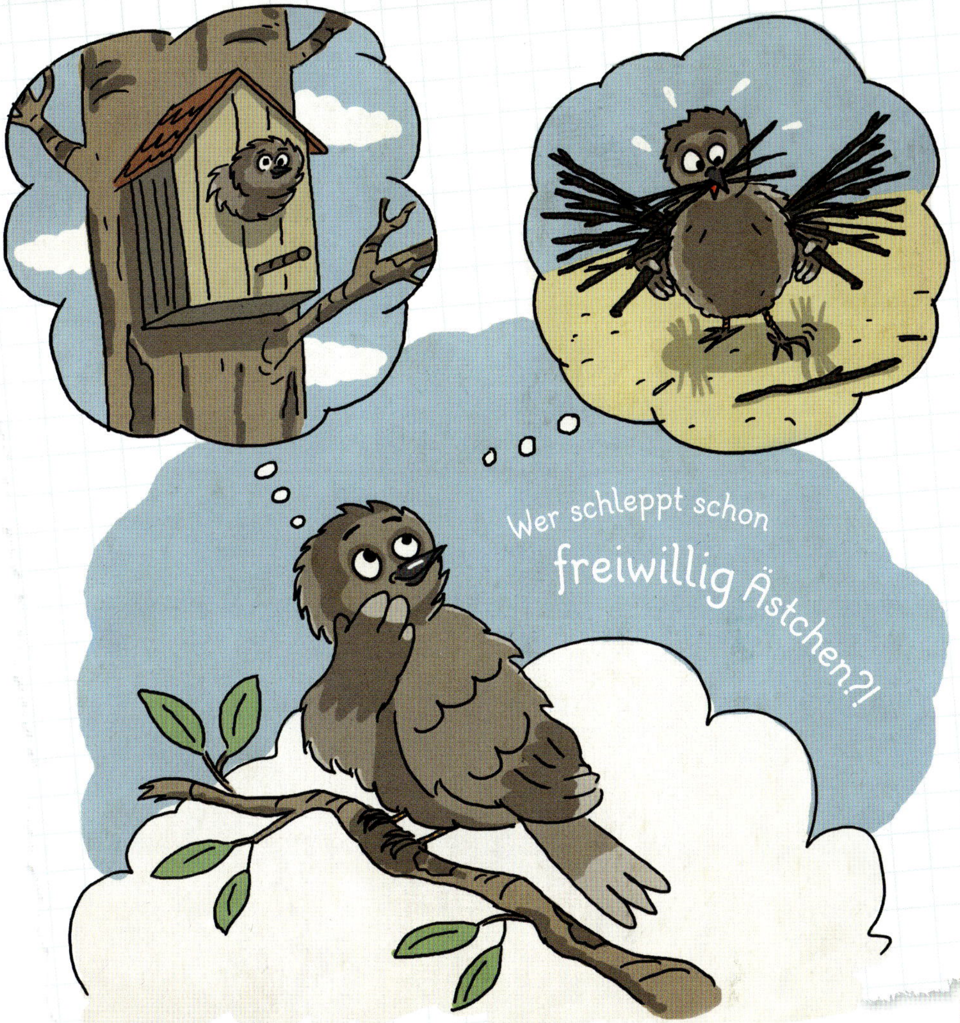
Wer schleppt schon freiwillig Ästchen?!

ACHTUNG!

Halte dich immer UNBEDINGT einige Meter von den Nestern entfernt. Fühlen sich die Vogeleltern nämlich gestört, geben sie das Nest auf und die Küken müssen sterben.

Der Trick des Kuckucks

Der Kuckuck ist ein bekannter Frühlingsvogel, weil er seinen Namen ruft. Er baut sich kein eigenes Nest, sondern schmuggelt je ein Ei in das Nest anderer Vögel, zum Beispiel vom Rotschwanz. Wenn das Kuckucksjunge geschlüpft ist, wirft es die anderen Eier aus dem Nest. Nun ist es allein und bekommt das ganze Futter der beiden kleinen Vogeleltern. Bald ist es viel größer als seine Adoptiveltern.

Für Vogelforscher

Blässhühner und Haubentaucher bauen ein schwimmendes Nest, das wie ein Boot auf dem Wasser schaukelt. Dazu errichten sie zunächst ein Floß aus Ästen.

Eine Villa für Familie Meise

Wer wohnt im Nistkasten?

In einem Meisennistkasten brüten nicht nur verschiedene Meisenarten, sondern auch Kleiber, Schnäpper, Gartenrotschwänze und Spatzen. Für diese Vögel ist der Nistkasten häufig ein Ersatz für Baumhöhlen. Die gibt es immer weniger, weil alte Bäume oft gefällt werden.

Für Vogelforscher

Kohlmeisen legen ganz schön viele Eier: Bis zu 15 Eier wurden schon in einem Nest gezählt.

→ 18 mm starke Fichten-, Tannen- oder Kiefern-holzbretter
→ Verzinkte Nägel oder Holzschrauben
→ Säge
→ Schraubendreher/ Akkuschrauber oder Hammer
→ Bohrmaschine mit Forstnerbohrer

Schon gewusst?

Damit sich die Vögel in dem Nistkasten wohlfühlen, darf es darin keine Ritzen geben, durch die der Wind pfeift oder Regen eindringt. Schließlich ahmen Nistkästen ja rundum geschlossene Baumhöhlen nach.

So baust du einen Nistkasten

Zuerst sägst du aus Hartholzbrettern die passenden Teile (Front, 2 x Seitenwand, Rückwand, Boden, Dach, Aufhänge-leiste) zu. In die Front bohrst du ein Einflugloch (Durchmesser 26 – 28 mm für kleine Meisen, 32 mm für Kohlmeisen, 35 mm für Spatzen) und in den Boden zwei oder drei kleinere Löcher, damit Feuchtigkeit entweichen kann.

Zuerst wird der Boden an die Rückwand und ein Seitenteil genagelt oder geschraubt.

Wenn das zweite Seitenteil fest ist, befestigst du das bewegliche Vorderteil.

Nun montierst du das Dach auf den Nistkasten.

Ein umgeschlagener Nagel hält das Vorderteil geschlossen.

Nun nagelst oder schraubst du zuerst Bodenplatte und Rückwand zusammen. Dann kommen die Seitenwände, zuletzt die bewegliche Vorderfront, das Dach und hinten die Aufhängeleiste.

Bunt anmalen

Du kannst den Nistkasten außen auch bunt anmalen, die Farbe stört die Vögel nicht. Verwende aber nur umweltfreundliche Farben (Naturharz- oder Biolack oder Farben auf Basis von Naturstoffen wie Bienen- und Pflanzenwachs, Naturharz oder Pflanzenöl).

Nistkasten aufhängen

Wähle für den Nistkasten einen Platz, der weder in der vollen Sonne noch im prallen Schatten ist. Günstig ist ein Baum oder eine Hauswand. Das Flugloch sollte aber nicht nach Westen weisen. Wenn du im April noch ein paar neue Nistkästen aufhängst, finden auch die zurückkehrenden Zugvögel ein Heim.

Mit Ton und Spucke

Brüten in der Kolonie

Auf kaum einen Vogel warten wir im Frühling so sehr wie auf die Schwalben, die im April zu uns zurückkommen. Mehlschwalben brüten nicht allein, sondern in sogenannten Kolonien. Ihre Nester aus kleinen Lehmkügelchen kleben sie dicht an dicht an senkrechte Wände und Felsen unter schützende Vorsprünge. Innen polstern die Eltern das Nest mit Federn, Grashalmen und anderen weichen Materialien aus.

Spannend!

Spatzen erobern gern die angefangenen Nester von Mehlschwalben. Sind sie erfolgreich, so müssen die Mehlschwalben ein neues Nest bauen.

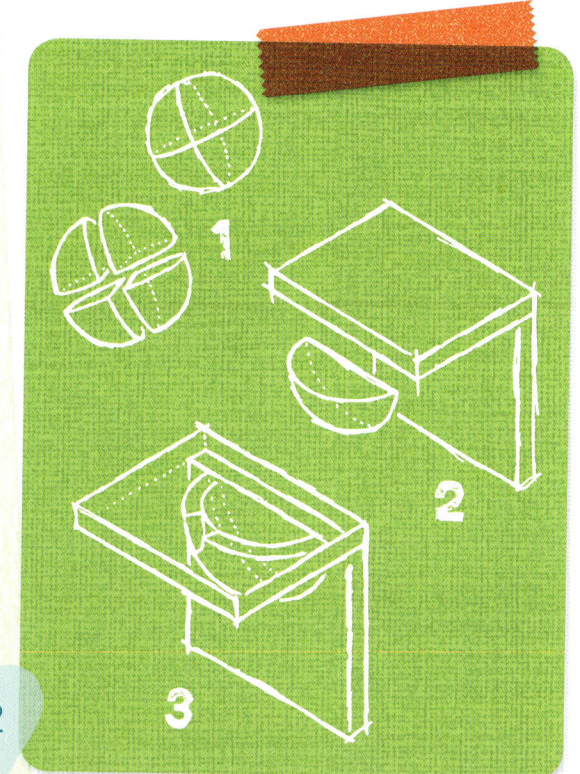

Schwalbennester bauen

1 Zuerst schneidest du eine Styroporkugel (Durchmesser 12 cm) zweimal durch, sodass du vier Viertelkugeln bekommst.

2 Umhülle jede Viertelkugel mit Frischhaltefolie und lege sie jeweils in den Winkel von zwei aneinandermontierten Brettern. Nun rührst du aus 400 g Stuckgips und 200 g Sägemehl mit wenig Wasser einen zähen Teig an und mischst 4 Teelöffel Holzkohlemehl (aus zerkleinerter Grillkohle) unter.

3 Den fertigen Teig streichst du etwa 1 – 2 cm dick auf jede Viertelkugel, lass am oberen Rand eine kleine Einflugöffnung frei.

4 Nach dem Trocknen löst du die Nester ab und glättest Ränder und Einfluglöcher. Dann entfernst du die Viertelkugeln und klebst die vier Nester nebeneinander mit Kontaktkleber an zwei rechtwinklig montierte Bretter (18 x 80 cm lang). Bitte deine Eltern, die Nester unter einem Dachvorsprung an die Wand zu dübeln.

Unter der Regenrinne kleben die Lehmnester der Mehlschwalben.

Auf Lehmtour

Schwalben sammeln den Lehm am Ufer von Teichen und Seen, an Pfützen und anderen feuchten Bodenstellen. Du kannst ihnen helfen: Halte eine lehmige Bodenstelle im Garten feucht, indem du sie regelmäßig mit einer Gießkanne wässerst. Die Schwalben danken es dir!

Wer hat sich denn SO WAS einfallen lassen?

Für Vogelforscher

Mauersegler sind nicht mit den Schwalben verwandt. Sie verbringen ihr ganzes Leben fliegend in der Luft und schlafen dort sogar.

13

Weiches für die Küken

Schon gewusst?

Die Küken von Specht und Kleiber sitzen auf dem ungepolsterten Holzboden in ihrem wind- und wettergeschützten Baumhöhlennest.

Nestbau

Jedes Vogelnest ist ein kleines Kunstwerk. Drosseln, Grasmücken und Finken bauen napfförmige Nester. Zuerst legen sie eine kleine Plattform aus Ästchen an, darauf errichten sie mit dem Schnabel das Nest aus Grashalmen, Stroh und Pflanzenstängeln. Die Halme werden mehrmals geknickt, damit sie sich rund biegen und feststecken lassen. Danach polstern sie das Nest aus und bringen außen Blätter, Flechten und Moose an.

So viele Federn! Ich will's gaaanz kuschelig!

Gut gepolstert

Damit es die Küken schön warm haben, polstern die Vogeleltern das Nest mit Blättern, kleinen Federn, Tierhaaren, Moos und anderen weichen Materialien aus. Du kannst ihnen dabei helfen: Biete den Vögeln Federn (zum Beispiel aus einem alten Kopfkissen), getrocknetes Moos oder ausgekämmte Pferdehaare (findest du in jedem Pferdestall) an. Bald kannst du beobachten, wie die Vögel mit dem Nistmaterial im Schnabel wegfliegen. Vielleicht entdeckst du so, wo die Vögel brüten.

Die Federn stopfst du in ein Kartoffel- oder Orangennetz.

Das Rindendach schützt die Federn vorm Nasswerden.

Spannend!

Auch Buchfinken bauen ein napfförmiges Nest, das sie mit Spinnweben an Ästen befestigen. Außen tarnen sie es mit grünen Flechten.

Familie Amsel zieht ein

Amseln bauen ihre halbrunden Napfnester sogar in pflanzenbewachsene Häuserfassaden und Balkonkästen. Darum findest du sie recht einfach. Ein Amselnest ist innen mit einer dünnen Schicht Lehm ausgekleidet. So kannst du es von anderen Nestern unterscheiden. Übrigens: Wenn du blaugrüne Eischalenreste im Garten findest, so stammen sie von einer Amsel. Ist das Schalenstückchen ganz sauber, dann haben es die Eltern nach dem Schlüpfen der Küken aus dem Nest gebracht und wie Müll entsorgt.

Singen, was das Zeug hält

Früh am Morgen

Von Spätwinter bis zum frühen Sommer singen die Vögel, um Reviere zu markieren und Weibchen anzulocken. Besonders intensiv singen sie am frühen Morgen, manche beginnen mit ihrem Gesang sogar noch vor Sonnenaufgang. Damit die Vögel möglichst weit zu hören sind, singen sie gern von erhöhten Plätzen aus. Amseln etwa wählen dazu gern den Dachfirst oder die Spitze eines Baums.

Singende Vögel beobachten

Wenn du einen Vogel singen hörst, dann bleib ganz ruhig stehen. Suche mit den Augen die Region im Gebüsch oder der Baumkrone ab, woher der Gesang kommt. Dann nimm ein Fernglas zur Hand und versuche, den Vogel zu entdecken. Nun kannst du herausfinden, wie der Vogel heißt. Präge dir sein Lied ein. Dann erkennst du den Vogel beim nächsten Mal sogar, wenn du ihn nur hörst.

Mit dem Fernglas beobachtest du die Vögel, ohne sie zu stören.

Gestatten:
Spatz – Superstar!

Leicht zu merken

Wenn du noch keine Vögel kennst, präge dir am besten zuerst diese Arten ein. Sie kommen häufig rund ums Haus vor und singen einprägsame Lieder.

➜ Kohlmeise: laut metallisch „zi-zi-bä, zi-zi-bä"

➜ Buntfink: laut „pink"   ➜ Kleiber: laut „tüit tüit"

➜ Amsel: flötet melodisch ➜ Spatz: „tschilp tschilp"

Spannend!

Singdrosseln und Stare ahmen verschiedenste Geräusche wie Töne von Handys, Rasenmähern oder Autoalarmanlagen sowie die Rufe anderer Vögel nach und bauen sie in ihre Gesänge ein.

Die Mönchsgrasmücke

Sogar mitten in der Großstadt kannst du ab April den zwitschernden Gesang der Mönchsgrasmücke hören. Sie lebt versteckt im Gebüsch. Das Männchen trägt eine **schwarze Kappe**, das Weibchen eine rotbraune.

Der Zilpzalp

Der unscheinbare bräunliche Vogel ruft von April bis August eintönig seinen Namen: Zilp-zalp-zilp-zalp. Im Frühjahr kannst du ihn gut in Weiden beobachten, er sucht Insekten und andere Kleintiere in Ästen und Zweigen.

Der Haussperling, Spatz

Lebhaft hüpfend und mit typischen „tschilp"-Rufen taucht der braun-graue Haussperling überall auf, wo Essensreste anfallen – in Cafés, Fußgängerzonen und Pferdeställen. Das Männchen hat einen **grauen Scheitel**.

Der Feldsperling

Er sieht dem Haussperling sehr ähnlich, aber die Männchen tragen einen **kastanienbraunen Scheitel**. Außerdem lebt der Feldsperling bei uns eher am Dorfrand als in der Innenstadt.

Die Blaumeise

Auf der Suche nach kleinen Insekten und Spinnen turnt dieser hübsche Vogel auch kopfunter in den äußersten Zweiglein der Bäume und Sträucher herum. Du erkennst ihn an der **blauen Kappe**.

Der Zaunkönig

Wie eine kleine Maus huscht der bräunliche Zaunkönig durchs Gebüsch. Trotzdem fällt dieser kleine Vogel durch seinen schmetternden Gesang auf, der so laut ist wie eine Bohrmaschine.

Wer fliegt im Frühling?

Der Grünfink

Zum Brüten ziehen sich die gelblich grünen Finken mit **dickem, graurosa Schnabel** ins dichte Geäst der Bäume zurück. Ist die Brutzeit vorbei, gehen die geselligen Grünfinken wieder in großen Trupps auf Nahrungssuche.

Die Türkentaube

Am **schwarz-weißen Nackenring** kannst du die zierliche beige-graueTürkentaube gut erkennen. Sie baut ihr Nest mit nur wenigen Ästchen in Bäume oder auf Gebäude.

19

Endlich ist es Sommer!

Nun ist das Vogeljahr auf seinem Höhepunkt, denn so viele Vögel wie im August leben zu keiner anderen Jahreszeit in Wald und Feld. Im Sommer können die Vogeleltern auch langsam aufatmen: ==Die Jungen sind bald flügge== und werden dann nur noch für kurze Zeit von den Eltern versorgt. ==Nahrung gibt es in Hülle und Fülle== und die Temperaturen sind durchweg angenehm. Darum erledigen die Vögel nun ein wichtiges „Geschäft", die sogenannte Mauser: Sie wechseln ihr Federkleid.

Was machen die Vögel im Sommer?

Die Lücke im Flügelgefieder zeigt dir, dass die Vögel ihre Federn wechseln.

Flügge werden ...

... sagen die Biologen, wenn die Küken das Nest verlassen, mit ihren ersten Flugversuchen beginnen und so langsam selbstständig werden. Das tun die Jungen der ersten Brut im frühen Sommer. Darum kannst du dann ganz schön viele Jungvögel beobachten, die noch recht unbeholfen wirken.

Spannend!

Beim Mäusebussard erkennst du sehr gut, wenn er in der Mauser ist. Segelt der Greifvogel in der Luft, siehst du deutlich, dass einzelne Federn am Flügel fehlen.

Zweimal brüten

Kohl- und Blaumeise, Amseln, Rotkehlchen und andere Singvögel brüten nicht nur einmal, sondern sogar ein zweites Mal im Sommer. Spatzen brüten sogar regelmäßig dreimal und manchmal auch viermal im Jahr.

Spatzenbrut

Spatzen haben im Sommerhalbjahr viel zu tun.
Die Vogeleltern bleiben die ganze Zeit beisammen.
Gemeinsam bauen sie das Nest, wechseln sich
beim Brüten ab und füttern auch gemeinsam die
Küken. 11 bis 12 Tage müssen die Eier bebrütet
werden, dann schlüpfen
die Jungen. Sie
verlassen nach
etwa 17 Tagen
das Nest und
werden flügge.

Mama und Papa
füttern die jungen
Stare noch eine Weile.

Für Vogel-forscher

Die äußere Federschicht
sind die Konturfedern.
Darunter tragen die
meisten Vögel Daunen-
federn. Sie halten den
Vogel warm, weil sich
dazwischen ganz viel
Luft befindet.

Auch junge Meisen
werden noch von
ihren Eltern gefüttert,
obwohl sie schon das
Nest verlassen haben.

Kleiderwechsel

Federn sind für die Vögel enorm wichtig: Sie ermöglichen das Fliegen und
halten den Körper warm und trocken.
Dies tun allerdings nur intakte Federn.
Weil sie sich abnutzen und kaputt-
gehen, wechseln Vögel einmal im Jahr
ihr Federkleid. Dazu fallen nach und
nach alle Federn aus und werden
durch neue ersetzt. Die Vögel können
in dieser Zeit nicht ganz so gut fliegen
und verstecken sich meist im Gebüsch.

Für Leckerschmecker

Energiefutter, ja bitte!

Vögel verbrauchen sehr viel Energie, zum Fliegen und um ihre Körpertemperatur bei über 40 Grad Celsius zu halten. Weil ein kleiner Körper schneller auskühlt als ein großer, benötigen kleine Vögel wie Spatzen im Verhältnis mehr Futter als große wie der Bussard. Eine dicke Speckschicht können sich die Vögel auch nicht anfuttern, weil sie sonst nicht mehr fliegen könnten. Darum lieben sie fett- und zuckerreiche Nahrung wie Samen, Früchte oder Insekten.

Weil der Stieglitz die feinen Samen der Disteln nascht, heißt er auch Distelfink.

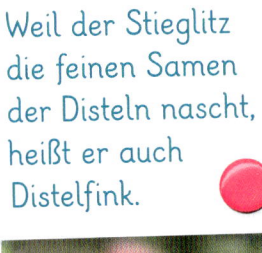

Blumensamen für den Winter

Im Winter ernähren sich Meisen, Finken und viele andere Vögel von Blumensamen, die aber nur von den Wildblumen gebildet werden. Damit sie gute Winternahrung auch bei dir finden, kannst du im frühen Sommer diese Wildblumen im Garten und auf dem Balkon pflanzen oder aussäen:

→ Disteln
→ Hirse
→ Knöterich
→ Löwenzahn

→ Vergissmeinnicht
→ Hirtentäschelkraut
→ Kornblumen
→ Sonnenblumen

Insektenparadiese

Viele Blumen ziehen Insekten magisch an. Dort ist auch für die Vögel der Tisch gedeckt, denn auf den Pflanzen können sie leicht Fliegen, Mücken, Läuse und andere Insekten sowie deren Larven wie etwa Schmetterlingsraupen erbeuten. Diese Insektenfutterpflanzen können prima in deinem Garten oder auf dem Balkon wachsen: **Brennnesseln**, **Disteln**, **Mädesüß**, **Schafgarbe**, **Wald-Engelwurz** und **Wildgräser**.

Schon gewusst?

Viele gezüchtete Blumen mit gefüllten Blütenköpfen sind für Vögel und andere heimische Tiere nutzlos, weil sie weder Nektar und Pollen noch Samen bilden.

Für Dreckspatzen

So sieht eine Feder aus

Betrachte einmal eine Feder unter der Lupe.
Bei den Konturfedern sitzen am dicken Federschaft
ganz viele Äste nebeneinander. Sie bilden eine Fläche, weil
sie mit Häkchen fest miteinander verbunden sind. Nimm eine
Feder zur Hand: Wenn du sie durch deine Finger gleiten
lässt, verschließen sich die Häkchen. Bei den wärmenden
Daunenfedern hingegen, die dicht am Körper sitzen,
sind die Äste nicht miteinander verhakt.

Ganz viele dieser
Federn bilden die
stabilen Tragflächen
der Vogelflügel.

ACHTUNG!

Regentonnen, Teiche mit
steilen Ufern und andere
tiefe Wasserbehältnisse
müssen entweder einen
Ausstieg für hineingefallene
Vögel und andere Tiere
besitzen oder abgedeckt
sein. Als Ausstieg eignen
sich Äste, Holzstücke und
größere Steine.

Täglich Federn putzen

Vögel verwenden jeden Tag viel Zeit darauf, ihr Federkleid
zu pflegen. Nur ein sauberes Gefieder bietet den nötigen
Wärmeschutz und macht das Fliegen möglich. Darum entfernen die Vögel täglich die Staub- und Schmutzpartikel
aus den Federn. Dann ziehen
sie sie einzeln durch ihren
Schnabel, um die Häkchen
der Federäste miteinander zu
verhaken. Nun sind die Federn
wieder flächige Gebilde und
zum Fliegen brauchbar.

Schon gewusst?

Spatzen baden gern im Sand.
Du kannst ihnen ein Sandbad
anbieten, wenn du feinen
Vogelsand in eine Mulde im
Boden füllst.

Im Wasser baden

Vögel baden gern, denn dabei löst sich der Schmutz aus dem Gefieder. Beobachte einmal einen badenden Vogel: Dabei tauchen die Vögel nicht den ganzen Körper ins Wasser, sondern benetzen nur ihr Federkleid. Dazu schlagen sie gezielt mit den Flügeln und schütteln sich.

Ausgiebig planscht die Amsel im Wasserbecken und reinigt dabei ihr Gefieder.

Und so was nennt sich Badespaß!?

Freibad für Vögel

Vögel baden auch an seichten Uferstellen des Gartenteichs. Eine größere Vogeltränke, 5 – 10 cm tief und mit flachen Rändern und rauer Oberfläche, nehmen die Vögel gern zum Baden.

27

Für Durstige

Und jetzt du!

Sorge dafür, dass immer Wasser in der Tränke steht. So können sich die Vögel auf deine Tränke verlassen und du kannst sie dort gut beobachten.

Durstige Gesellen

Auch Vögel haben Durst. Viele Vögel nehmen die lebensnotwendige Flüssigkeit über ihre Nahrung zu sich, denn tierische Kost oder Früchte enthalten auch Wasser. Besonders die Körner fressenden Vögel müssen aber ein- bis zweimal am Tag Wasser trinken, um nicht zu verdursten.

Mmmh, den nehm ich gleich noch mal, schlürf ...

28

Vögel löschen ihren Durst gern an flachen Wasserschalen.

Vogeltrinkschale selber bauen

Forme aus Ton eine flache Schale, die mindestens 10 – 15 cm groß sein sollte. Sie kann rund oder eckig sein oder auch eine witzige Fantasieform haben. Der Rand sollte ganz flach und die Trinkschale in der Mitte höchstens 5 cm tief sein. Damit die Oberfläche schön rau ist, malst du mit der Gabel Muster in den feuchten Ton. Lege ein paar größere Steine oder Tonkugeln wie Inseln in die Mitte. Du kannst natürlich auch eine flache Tonschale aus dem Baumarkt nehmen.

Für Vogelforscher

Vögel müssen auch im Winter Wasser trinken. Du tust ihnen einen großen Gefallen, wenn du das Wasser auch an Frosttagen eisfrei hältst.

Die Vogel-Bar

Der beste Platz für die Vogeltränke ist ein offener Platz, an dem die Vögel einen guten Überblick über die Umgebung haben. Dort fühlen sie sich sicher und sehen, ob ihnen zum Beispiel eine Katze auflauert. Du kannst deine Vogeltränke zum Beispiel auf einen etwa 80 – 100 cm hohen Pfosten stellen.

Die Kohlmeise nutzt den im Wasser liegenden Ast als Ausstieg.

Für Blindflieger

Tatort Fensterscheibe

Weil Vögel keine durchsichtigen Glasscheiben wahrnehmen können, fliegen sie häufig dagegen. Im besten Falle sind sie dann etwas benommen, werden in diesem Zustand aber auch oft von Katzen erbeutet. Im schlimmsten Fall sterben sie – und das betrifft bei uns Millionen Vögel jedes Jahr!

Oooooh, das gibt eine saftige Beule!!!

Und jetzt du!

Die schwarzen Greifvogel-silhouetten fürs Fenster schrecken Vögel leider nicht ab. Wenn du sie aber außen mit Sonnenmilch (mind. LSF 15) bestreichst, können Vögel die Scheibe sehen. Singvögel sind näm-lich in der Lage, UV-Licht zu sehen und erkennen die Aufkleber dann, weil das UV-Licht davon reflektiert wird. So ähnlich wie auch die Katzenaugen an deinem Fahrrad das Licht eines Autos reflektieren.

So machst du Fensterscheiben vogelsicher

Damit Vögel sie rechtzeitig sehen können, solltest du vor allem große Fensterscheiben und solche in der Nähe von Futterstellen markieren:

→ Fenster mit Folien- oder Window-Color-Bildern dekorieren

→ von außen verschiedene Aufkleber anbringen. Sie sollten dicht genug beieinander kleben, damit die Vögel nicht versuchen, die Aufkleber zu umfliegen

→ senkrechte Streifen mit einem speziellen UV-Stift (zum Beispiel Bird pen) auftragen

→ Fenster nicht putzen ☺

Bunte Window-Color-Bilder lassen Vögel die Fensterscheiben erkennen.

Ein Vogeljunges, wie süß?!

Junge Vögel bei ihren ersten Flugübungen zu beobachten macht Freude. Wenn du einen scheinbar verlassenen Jungvogel entdeckst, lass ihn in Ruhe. Die Eltern sind in der Nähe und suchen gerade Futter für sich und ihr Junges. Über Rufe finden sie sich ohne Probleme. Beobachte den jungen Vogel aus sicherem Abstand. Ist er nach etwa zwei Stunden immer noch allein, dann bringe ihn zu einer Auffang- oder Vogelpflegestation. Auch verletzte Jungvögel kannst du dort abgeben.

Spannend!

Weitere Tipps sowie Adressen findest du unter www.wildvogelhilfe.org oder www.NABU.de/wildtierpflege.

Die Elster

Schillernd **schwarz-weiß** und mit **langem Schwanz** sind Elstern hübsche Rabenvögel, die ihre Nester ganz oben in die Baumkrone bauen. Ihre Rufe klingen, als ob du eine Streichholzschachtel schütteln würdest.

Der Mauersegler

In den Städten sind die schwarzen Mauersegler an warmen Sommertagen die auffälligsten Vögel. In rasantem Flug schießen sie zwischen den Häuserschluchten umher und erfüllen die Luft mit ihren lauten „srieh"-Rufen. Obwohl sie erst Anfang Mai zu uns kommen, sind sie im August schon wieder weg.

Wer fliegt im Sommer?

Die Dohle

Die schwarz-grauen Dohlen sind sehr gesellig und leben in größeren Gruppen. Sie bewohnen Kirch- und Schlosstürme, Burgen und Ruinen, wo du ihre durchdringenden „kjack"-Rufe hören kannst.

Die Rauch- schwalbe

Die blau schillernde, unten weiße Rauchschwalbe mit **roter Kehle** und Stirn und auffallend **langen Schwanzspießen** baut nur in offenen Gebäuden wie Ställen ihr Nest. Daher kommt sie eher in ländlichen Gebieten vor. Dort kannst du sie von April bis Oktober beobachten.

Die Mehlschwalbe

Die **schwarz-weiße** Mehlschwalbe klebt ihre Nester unter Vorsprünge an die Außenwände von Gebäuden, auch in unseren Innenstädten. Geschickt fängt sie in schnellem Flug Mücken und Fliegen.

Die Bachstelze

Die grau-weiße Bachstelze mit **schwarz-weißem Kopf** sucht Fliegen, Mücken und andere Insekten nicht nur an unseren Gewässern, sondern auch auf Feldern, Wiesen, Straßen und Dächern.

Der Hausrotschwanz

Der **rostrote Schwanz** und Bürzel gaben diesem Singvogel seinen Namen. Das Männchen ist schwarzbraun, das Weibchen graubraun gefärbt. Von März bis Oktober besiedelt der einstige Felsbewohner Städte und Industriegebiete.

Der Mäusebussard

Laut „hijäh" rufend kreisen Mäusebussarde am Himmel. Unser häufigster Greifvogel ist meist braun gefärbt. Es kommen aber auch Färbungen von nahezu weiß über gescheckt bis fast schwarz vor.

Der Herbst ist da!

Wenn die Tage wieder kürzer werden und sich der Sommer langsam verabschiedet, sagen auch viele Vögel „Tschüss". Sie sammeln sich in großen und kleinen Schwärmen, um gemeinsam nach Süden zu ziehen. So kannst du bei Tag und Nacht am Himmel ziehende Vogelschwärme wahrnehmen. Die Vögel, die hierbleiben, müssen sich auf den Winter vorbereiten. Sie fressen gern an Früchte tragenden Sträuchern. Dort kannst du tolle Vogelbeobachtungen machen.

Was machen die Vögel im Herbst?

Reife Hagebutten sind die absolute Lieblingsspeise vieler Vögel.

Tschüss, bis zum nächsten Jahr!

Im Winter wird bei uns die Nahrung knapp. Insekten und andere Kleintiere gibt es dann kaum noch. Vögel, die bei uns bleiben, müssen sich im Winter von anderem Futter ernähren. Diejenigen Vögel, die das nicht können, ziehen südwärts ans Mittelmeer, nach Nord-, Zentral- oder gar Südafrika. Eine innere Uhr sagt den Tieren, wann es Zeit für den Aufbruch ist. Ein Rekordhalter im Langstreckenflug ist übrigens der Kuckuck: Rund 4.000 Kilometer legt er auf seinem Weg in den Süden zurück.

Spannend!

Vor dem Wegzug in den Süden fressen sich Zugvögel ein Fettpolster an der Brust an. Davon zehren sie auf dem Flug zum nächsten Rastplatz.

Wenn Gänse ziehen, bilden sie ein großes V oder W am Himmel.

Lieber gemeinsam statt einsam

Spatzen und Stare leben das ganze Jahr über in kleinen bis großen Trupps zusammen. Buchfinken, Eichelhäher und viele andere Vögel, die während der Brutzeit allein oder paarweise unterwegs waren, schließen sich im Herbst auch zu Gruppen zusammen. So finden die Vögel besser Schutz vor Feinden wie etwa den superschnellen Vogeljägern Sperber und Habicht.

Auch der Kleiber sammelt Wintervorräte und versteckt sie in den Ritzen der Rinde.

Vorsorgen für den Winter

Manche Vögel machen es wie das Eichhörnchen: Eichelhäher sammeln zum Beispiel Eicheln, Nüsse und andere harte Baumfrüchte. Dann verstecken sie sie als Vorrat im Boden. Auch Kleiber und Tannenmeise holen Sonnenblumenkerne und Erdnüsse von Futterstellen und verstecken sie für harte Zeiten in Rindenritzen.

37

Auf großer Tour

Schwalben ade!

Wenn die Brutzeit vorbei ist, sammeln sich unsere Schwalben. Wenn sie auf Überlandleitungen sitzen, sehen sie aus wie Wäscheklammern an der Leine. Tagtäglich werden es mehr, bis die Schwalben eines Morgens urplötzlich verschwunden sind. Schwalben verbringen den Winter in Afrika. Ihr Zug bleibt aber meist unbemerkt, weil sie sehr hoch fliegen.

Spannend!

Den richtigen Weg zu den Überwinterungsgebieten und wieder zurück finden die Vögel, weil sie das Magnetfeld der Erde wahrnehmen können.

Typisches Herbstbild: Schwalben, die in Scharen auf den Überlandleitungen sitzen.

Der große Zug in den Süden

Im September und Oktober ist der Vogelzug auf dem Höhepunkt. Nun kannst du nachts die Flugrufe hören, wenn ein Schwarm Singvögel über die Siedlung zieht. Der Großteil der Vögel wandert nämlich nachts, obwohl sie sonst tagaktiv sind. Auch früh morgens, bevor die Sonne aufgeht, kannst du ziehende Vogelschwärme beobachten. Störche müssen allerdings bei Tag ziehen, denn sie segeln in den thermischen Aufwinden.

So bin ich der *schickste Spatz* am Strand!

Flug in Formation

Gänse, Kraniche und Störche fliegen nicht als ungeordneter Schwarm. Sie bilden im Flug ein V: Ein Vogel nimmt die Spitze ein, die anderen fliegen im Windschatten des voranfliegenden Vogels. So entsteht das V am Himmel. Manchmal kannst du auch zwei Spitzen wie bei einem W entdecken. Damit der vorderste Vogel auch mal im Windschatten fliegen kann, wechseln sich die Vögel fortlaufend ab. Auch das kannst du sehr gut mit bloßem Auge beobachten.

Für Vogelforscher

Von Europa aus nehmen die Vögel zwei Hauptflugrouten auf dem Weg nach Afrika: die westliche führt über Spanien und Gibraltar nach Nord- und Westafrika, die andere über die Türkei, den Bosporus und Nahen Osten nach Ost- und Südafrika.

Vorbereitungen für den Winter

Futtern, futtern und nochmals futtern

An den rasch kürzer werdenden Tagen merken die Vögel, dass der Winter naht. Zum Glück schenkt ihnen der Herbst noch einmal reichlich Nahrung. Es gibt noch zahlreiche Insekten, und viele Wildfrüchte werden reif. So futtern sich auch die daheimbleibenden Vögel ein ordentliches Fettpolster an.

Vorräte anlegen

Besonders der Eichelhäher ist unter den Vögeln dafür bekannt, dass er im Herbst Eicheln, Nüsse und andere Baumfrüchte sammelt und im Boden versteckt. Weil er nur einen Teil davon wiederfindet, muss er viel mehr Früchte verstecken als er tatsächlich benötigt. Die nicht gefundenen Baumfrüchte keimen im nächsten Jahr und können zu großen Bäumen heranwachsen. Darum heißen Eichelhäher auch „Gärtner des Waldes".

Der Eichelhäher sammelt Unmengen an Eicheln als Wintervorrat.

Vögel beobachten

Besuche regelmäßig Bäume und Sträucher wie etwa **Holunder**, **Wacholder** oder **Schlehe**, an denen die Früchte reif werden. Dort kannst du gut Drosseln und andere Vögel beim Fressen beobachten. Trage keine grellbunte Kleidung, bewege dich langsam und sei still. Dann fliegen die Vögel nicht weg, wenn du kommst. Mit einem Fernglas kannst du sie auch aus größerer Entfernung sehen.

Für Vogelforscher

Die blauen Früchte von Schlehen, Wacholder und Liguster werden dank dem hellen Überzug (Bereifung) von den Vögeln ganz besonders gut gesehen. Diese Bereifung ist nämlich eine UV-Farbe.

41

Auf, auf zum Putzen

Nistkasten-Putztag

Nun sind alle Vögel mit dem Brüten und Großziehen der Küken fertig. Darum ist jetzt der günstigste Zeitpunkt, um die Klappe der Nistkästen zu öffnen und hineinzuschauen. Altes Nistmaterial kehrst du am besten mit einem Handbesen heraus. Wenn dir der Kasten sehr schmutzig erscheint, kannst du ihn auch mit warmem Wasser und einer Bürste schrubben. Klappe zu, fertig! Nun kann ein Siebenschläfer über den Winter darin einziehen oder Meisen, Spatzen und Zaunkönige können ihn in kalten Nächten als Hotelzimmer nutzen.

Schon gewusst?

Türmt sich das Nistmaterial im Kasten fast bis zum Flugloch hinauf, so hat ein Spatzenpaar darin gebrütet und die kleinen Spatzenkinder großgezogen.

Wer will fleißige Putzspatzen seh'n …

42

Damit der Nistkasten neu bezogen werden kann, kommt das alte Nistmaterial heraus.

Ausnahme: Star

Die etwas größeren Nistkästen für Stare hängen ja ganz oben im Baum oder an der Hauswand. Diese Kästen musst du zum Glück nicht sauber machen – das erledigen die Stare selbst im nächsten Frühling, wenn sie den Nistkasten beziehen.

Schlafplätze schaffen

Damit die Vögel in kalten Winternächten einen geschützten Schlafplatz finden, bitte deine Eltern, Sträucher und Bäume im Herbst nicht zurückzuschneiden. Im dichten Geäst, aber auch in Mauernischen und Baumhöhlen ist es wärmer als an offenen Plätzen. So brauchen die Vögel dort nicht ganz so viel Energie, um ihre kleinen Körper warm zu halten.

Lieblingsbüsche für Vögel

Im Herbst kannst du ein paar Sträucher für Vögel pflanzen. Viel Nahrung finden Sie in den Wildfrüchte tragenden Sträuchern (siehe Seite 41). Sträucher mit spitzen Dornen oder Stacheln wie etwa Berberitze, Brombeere oder Wildrosen schützen vor Greifvögeln wie Sperber und Habicht.

Die Schlehe bietet mit ihren Stacheln Schutz.

43

An Teich und See

Köpfchen unters Wasser ...

Schwänzchen in die Höh: So suchen Enten im flachen Wasser nach Nahrung. Nachdem die sommerliche Mauser der Enten vorbei ist, triffst du sie nun wieder auf Teichen und Seen an. Die häufigsten Enten sind die Stockenten, die fast auf jedem Gewässer vorkommen.

Schon gewusst?

Auf dem Wasser kannst du Enten leicht vom Blässhuhn unterscheiden, denn Letzteres nickt beim Schwimmen immer mit dem Kopf.

An vielen Seen tummeln sich verschiedene Wasservögel, die du dort gut beobachten kannst.

Familie Blässhuhn

Bei den Blässhühnern kannst du im Herbst gut das Familienleben beobachten, denn die dunkelgrauen, kleineren Jungen bleiben noch bei ihren Eltern. Blässhühner können ausgezeichnet tauchen, bei jedem Tauchgang verschwinden sie mit einem kleinen Sprung unter Wasser.

Aus dem Schwanenleben

Junge Höckerschwäne fallen durch das graue Gefieder auf. Wenn sie dann im Alter von fünf Monaten flügge sind, werden die Jungvögel von den Eltern vertrieben. Schwanenpaare verteidigen sehr aggressiv den Bereich um ihren Nistplatz. Dort dulden sie dann keinen anderen Schwan. Siehst du eine Gruppe von mehreren Schwänen, so sind dies Junggesellen. Sie eroberten kein eigenes Revier und werden deshalb vermutlich keine Familie gründen.

Für Vogelforscher

Mit einem Gewicht von bis zu 20 kg ist der Höckerschwan der schwerste Vogel der Erde, der fliegen kann. Zum Starten nimmt er flügelschlagend Anlauf auf dem Wasser.

Die Stockente

Das Männchen erkennst du am schillernd **grünen Kopf**, der braunen Brust und dem grauen Gefieder, das es zur Brutzeit trägt. Im Herbst haben die Männchen ein bräunliches Federkleid wie die Weibchen, ihr Schnabel ist aber grünlich gelb.

Das Blässhuhn

Neben der Stockente ist das schwarze Blässhuhn mit der **weißen Stirn** unser häufigster Wasservogel. Im Sommer kannst du die ganze Familie beobachten, denn die Eltern führen ihre Jungen auf dem Wasser aus.

Wer fliegt im Herbst?

Die Ringeltaube

Ursprünglich war diese größte Taube Europas ein Waldvogel. Doch heute lebt die graue Ringeltaube mit dem **weißen Fleck** an den Halsseiten auch in Parks und Städten.

Der Buntspecht

„Tix-tix-tix" ruft der schwarz-weiße Buntspecht mit dem **roten Schwanzansatz**, der an den Baumstämmen zu Hause ist und Baumhöhlen baut. Sein Trommeln hörst du allerdings nur im Frühjahr zur Brutzeit. Nur das Männchen ist am Hinterkopf rot.

Der Star

Das schwarze Gefieder des Stars ist nun mit **weißen Tupfen** gesprenkelt, die während der Brutzeit fehlen. Stare halten sich wie Spatzen immer in Gruppen auf. Wenn sie am Boden nach Insekten suchen, schreiten sie eilig voran und stecken dabei den Schnabel immer wieder in den Boden.

Der Kleiber

Geschickt klettert der oben graublaue, unten rostrote Kleiber mit dem markanten **schwarzen Streifen** über den Augen die Baumstämme hoch und kopfüber wieder runter.

Der Stieglitz

Wegen seiner Vorliebe für die feinen Samen von Disteln wird der bunte Stieglitz auch Distelfink genannt. Du kannst ihn gut beobachten, wenn er auf der Suche nach Samen kopfüber an den langen Pflanzenstängeln herumturnt.

Der Buchfink

Überall wo Bäume stehen, leben Buchfinken, unsere häufigsten Brutvögel. Meist halten sich das kastanienbraun-braunrosa Männchen und das grünlich graue Weibchen in den Baumkronen auf. Von dort hörst du auch ihre kräftigen „pink"-Rufe.

Der Winter zieht ins Land!

Draußen ist es still geworden. Viele Bäume und Sträucher stehen ohne ihre Blätter da, die Blumen haben sich in ihre Wurzeln zurückgezogen. Kaum ein Tier regt sich draußen. Doch auch an den kältesten Wintertagen müssen die Vögel herumziehen, denn sie brauchen tagtäglich genügend Futter zum Überleben. Für unsere gefiederten Nachbarn ist der Winter die härteste Zeit im Jahr. Du kannst den Vögeln ganz einfach helfen, indem du ihnen Futter und Trinkwasser anbietest.

Was machen die Vögel im Winter?

Im Winter freuen sich Amseln über liegen gebliebenes Fallobst.

Vegetarische Kost

Viele Vögel bleiben den Winter über bei uns. Weil es kaum noch Insekten und Spinnen gibt, müssen die Vögel nun das fressen, was sie draußen noch finden. Das sind vor allem Beeren, Früchte, Knospen und Samen. Achte auf die Fußspuren von Vögeln im Schnee!

Warm bleiben

Vögel haben stets eine Körpertemperatur von über 40 Grad Celsius. Wenn du so heiß wärst, hättest du hohes Fieber und würdest dich sehr krank fühlen. Vögel schützt die hohe Körpertemperatur vor Infektionen und bewirkt, dass sie jederzeit schnell reagieren und wegfliegen können – etwa wenn Gefahr durch Greifvögel droht.

Spannend!

In einer einzigen Winternacht kann eine Kohlmeise bis zu 20 Prozent ihrer Körpermasse verlieren. Darum sind Vögel besonders morgens für ein energiereiches Frühstück dankbar.

Um solch eine hohe Körpertemperatur zu halten, brauchen Vögel auch im Winter energiereiches Futter. Außerdem ruhen sie die meiste Zeit regungslos, um möglichst wenig Energie zu verbrauchen. Das Federkleid schützt zusätzlich vor dem Auskühlen.

Aufgeplustert

An richtig kalten Tagen ziehen Vögel eine Daunenjacke an. Dazu plustern sie ihr Gefieder auf. Nun befindet sich ganz viel isolierende Luft zwischen den Federn und der Vogel hat es schön warm. Aufgeplusterte Singvögel sehen wie kleine Federkugeln aus.

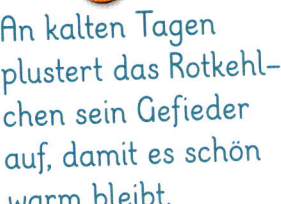

An kalten Tagen plustert das Rotkehlchen sein Gefieder auf, damit es schön warm bleibt.

Und jetzt du!

Fliegen kostet Energie, zum Beispiel bei der Suche nach Wasser. Das ist an kalten Wintertagen nicht einfach. Biete den Vögeln eine eisfreie Vogeltränke mit Wasser an.

Nun sucht das Wintergoldhähnchen seine Nahrung auch im Gebüsch.

Warm kuscheln

Auch in kalten Nächten wissen sich die Vögel zu helfen. Zaunkönige, Baumläufer und Wintergoldhähnchen treffen sich dann in geschützten Verstecken und kuscheln sich dicht aneinander. Dabei tauschen die Vögel immer wieder ihre Plätze, sodass jeder mal innen und mal außen sitzt. Meisen schlafen dann auch gern in Nistkästen und Baumhöhlen.

Fressen, was das zeug hält

Leckeres aus dem Garten

Beeren, Früchte, Knospen und Samen sind die energiereichsten Pflanzenteile, die viele Kohlenhydrate (Zucker) und Fette enthalten. Genau das brauchen Vögel im Winter! Damit die Vögel im Garten jetzt genügend Futter finden, kannst du im Frühling verschiedene Sträucher und Blumen pflanzen. Diese sollten erst im folgenden Frühjahr zurückgeschnitten werden, weil sie den Vögeln neben Nahrung auch noch schützende Verstecke bieten.

Und jetzt du!

Lass die Vogelbeeren und andere Früchte über den Winter an den Ästen hängen. Vögel mögen durchgefrorene Beeren viel lieber als getrocknete. Außerdem verlieren sie nach frostigen Tagen ihren bitteren Geschmack.

Was ist das? Die Vorspeise???

Feine Beeren und Früchte

Drosseln, Finken und viele andere Vögel lieben die saftigen Früchte von Berberitze, Brombeere, Eberesche (Vogelbeere), Rotem Hartriegel, Sanddorn, Schlehe, Gemeinem Schneeball, Weißdorn. Auch die für uns Menschen giftigen Beeren von Eibe, Kreuzdorn, Liguster und Pfaffenhütchen sind hervorragende Winterkost für unsere gefiederten Freunde.

Schon gewusst?

Efeu ist eine super Pflanze für Vögel, auch Spatzen lieben ihn. Im Winter sind die dunklen, für uns giftigen Beeren reif. Und im blickdichten, immergrünen Efeugeäst gibt es tolle Verstecke für einen ganzen Spatzentrupp.

Harte Kost

Um die harten Schalen der Nüsse zu öffnen, braucht man schon so einen kräftigen Schnabel wie die Finken. Für die Liebhaber harter, trockener Früchte könntest du im Garten Feldahorn, Hainbuche, Haselnuss und Wildrosen pflanzen.

Amseln und andere Drosseln bedienen sich gern an leckeren Wildfrüchten.

Blumen für die Vögel

Stieglitz und Meisen fressen gern die energiereichen Blumensamen, die sich in den heimischen Wildblumen (siehe Seite 24) entwickeln. Wenn die Blumen im Garten über den Winter stehen bleiben, finden die Vögel in den trockenen Resten reichlich Samenkost.

53

Vögel füttern, ja bitte!

Und jetzt du!

Das muntere Treiben am Futterhaus beobachtest du am besten vom Fenster aus. Damit die Vögel nicht dagegenfliegen, sollten die Scheiben vogelsicher sein (siehe Seite 30).

Turbulentes Treiben

Wenn du Vögeln Futter anbietest, tust du ihnen etwas Gutes. Doch auch du hast viel Freude daran: An einer Futterstelle ist ganz schön was los und du kannst viele verschiedene Vögel aus nächster Nähe beobachten.

Futtervorlieben

Jeder Vogel hat so seine Vorlieben, was er frisst. Das ist ja auch bei uns Menschen so, denn nicht jeder mag zum Beispiel Pizza. Wenn es im Futterhaus unterschiedliches Futter gibt, ist für jeden etwas dabei. Biete den Vögeln aber nur echtes Vogelfutter an, denn Gesalzenes, Gewürztes oder Geröstetes bekommt ihnen schlecht.

Ich fress' doch keinen Mehlwurm!

Speisekarte deines Vogelrestaurants

→ Für **Ammern**: Haferflockenschmaus*, Waldvogel- und Kanarienfutter

→ Für **Buntspechte**: Meisenknödel, Zapfen-voll-Fett*, Nüsse aller Art, Sonnenblumenkerne

→ Für **Drosseln**: Früchte-Müsli*, Haferflockenschmaus*, Apfel- und Birnenschnitze

→ Für **Finken**: Meisenknödel, Kokosnuss-Fettkuchen*, Waldvogel- und Kanarienfutter (kleine und winzige Samen), Sonnenblumenkerne, Haferflockenschmaus*

→ Für **Kleiber**: Sonnenblumenkerne, Haselnüsse

→ Für **Meisen**: Kokosnuss-Fettkuchen*, Meisenknödel, Vogelplätzchen*, Erdnüsse

→ Für **Rotkehlchen**: Haferflockenschmaus*, Waldvogel- und Kanarienfutter, Früchte-Müsli*

→ Für **Spatzen**: Sonnenblumenkerne, Weizen- und andere Getreidekörner, Haferflockenschmaus*

Diese Rezepte* findest du auf S. 56/57.

Am Futterhaus nascht der Gimpel von den verschiedenen Sämereien.

Schon gewusst?

Erdnüsse stehen auf Platz 1 der beliebtesten Speisen am Futterhaus. Verwende dazu unbehandelte, geschälte Erdnüsse.

Jede Menge Rezepte!

Kokosnuss-Fettkuchen

Gib 250 g Rindertalg (vom Metzger) oder Kokosfett in einen Topf und lass ihn bei mittlerer Hitze langsam flüssig werden. Sobald das Fett flüssig ist, nimmst du den Topf vorsichtig vom Herd. Nun rührst du 2 Esslöffel Pflanzenöl, 150 g Weizenkleie und 100 g Körnermischung (nach Belieben: Sonnenblumenkerne, gehackte Erdnüsse, Haferflocken, Sämereien aus dem Vogelstreufutter, ungeschwefelte Rosinen, getrocknete Insekten) unter. Mit dem noch warmen Fettkuchen füllst du halbierte Kokosnussschalen, kleine Blumentöpfe oder ausgehöhlte Astscheiben. Zum Landen für die Vögel steckst du einen Zweig in die erkaltende Mahlzeit. Aufhängen, fertig.

ACHTUNG!

Bei diesem Rezept müssen dir deine Eltern helfen, weil man mit heißem Fett äußerst sorgsam umgehen muss. Sonst kannst du dich stark verbrennen!

Aus Rindertalg, verschiedenen Sämereien und Wildfrüchten machst du leckere Fettkuchen.

Vogelplätzchen

Streiche die warme Fettkuchen-Masse etwa 1 cm dick auf Backpapier aus und stich Plätzchen mit Ausstechern aus. Bohre ein Loch in jedes Plätzchen, dann lässt du die Masse erkalten. Schließlich ziehst du ein buntes Band durch das Loch und hängst das Vogelplätzchen daran ans Futterhäuschen, in Äste oder ans Balkongeländer.

Die Vogelplätzchen locken hungrige Meisen an.

Und jetzt du!

Der Zaunkönig hat es in strengen, langen Wintern besonders schwer. Er besucht kaum Futterhäuser, weil er lieber im dichten Gestrüpp bleibt. Dort kannst du ihm am Boden täglich eine Schale mit Fettkuchen und ein paar lebenden Mehlwürmern anbieten.

Zapfen-voll-Fett

Den warmen Fettkuchen kannst du prima in die trockenen Zapfen von Kiefern und Fichten und sogar auf die Rinde von Bäumen streichen. Aus der handwarmen Fettkuchen-Masse lassen sich gut Meisenknödel formen. Wenn sie kalt sind, verpackst du sie in ein altes Mandarinennetz und hängst sie auf oder steckst sie auf ein Holzstäbchen.

Haferflockenschmaus

Mische 500 g Haferflocken mit 200 ml Sonnenblumenöl. Diese Masse erwärmst du vorsichtig so lange in einem Topf, bis die Haferflocken das Öl vollständig aufgenommen haben. Abkühlen lassen. Fertig!

Früchte-Müsli

Mische unter den Haferflockenschmaus gehackte Nüsse, ungeschwefelte Rosinen, Sonnenblumenkerne und Maiskörner. Dann streust du das Müsli im Futterhaus, auf dem Boden oder Futtertablett aus.

Tischlein deck dich!

Wer kommt ans Futterhaus?

In den Städten besuchen rund 15 verschiedene Vogelarten die Futterstelle, während du in ländlichen Gegenden dort sogar bis zu 50 verschiedene Vogelarten beobachten kannst. Das sind die häufigsten Gäste: Meise, Haussperling, Amsel, Fink, Kernbeißer, Erlenzeisig, Dompfaff (Gimpel), Kleiber, Rotkehlchen, Star und Buntspecht.

Und jetzt du!

Da Vögel ständig kleine Portionen fressen, koten sie leider auch ständig. Darum solltest du regelmäßig das Futterhaus reinigen und altes Futter entfernen.

In der Weihnachtszeit dekorierst du einen Baum mit Leckereien für die Vögel.

Alle werden satt!

Meisen, Spechte, Zeisige, Grünfinken und Kleiber turnen an schaukelnden Meisenknödel, während Buchfinken niemals ein Futterhaus mit Dach betreten. Wenn du das Futter auf verschiedene Weisen anbietest, werden alle satt.

➜ Futtersäule, Futterspender und Futtersilo mit Erdnüssen und Samenmischungen füllen

➜ Meisenknödel, Meisenringe, Vogelplätzchen und andere Fettkuchen aufhängen

➜ überdachtes Futterhaus und Futtertablett mit Haferflockenschmaus, Erdnüssen, Sonnenblumenkernen und Sämereien bestücken

➜ Sämereien auf den Boden streuen

Platz da,
jetzt komme ich!

Futtersilo selbst gebaut

In eine ausgediente, trockene Plastikflasche werden etwa 1 cm über dem Boden zwei gegenüberliegende Löcher gebohrt. Stecke ein Essstäbchen durch – hier können die Vögel sitzen. Etwa einen Fingerbreit oberhalb der Sitzstange bohrst du je ein größeres Loch, dessen Ränder du mit einer Feile glättest. Mit Erdnüssen und Sonnenblumenkernen füllen, Schnur um den Flaschenhals binden, aufhängen – fertig!

Für Vogelforscher

Der NABU empfiehlt Futtersilos zu verwenden, denn durch Kontakt mit Vogelkot könnten Krankheiten übertragen werden.

Die Rabenkrähe

Abends versammeln sich die schwarzen Rabenkrähen zu riesigen Schwärmen, die laut krächzend noch ein paar Runden am Himmel drehen und dann auf ihren Schlafbäumen landen. Rabenkrähen leben nur in Mitteleuropa.

Der Eichelhäher

In Herbst und Winter schließen sich die rötlich braunen Eichelhäher mit den **blau-schwarzen Flügelstreifen** zu kleinen Trupps zusammen, die auch die Parks und Gärten besuchen. Sie verraten sich durch ihre lauten „rätsch-rätsch"-Rufe.

Die Kohlmeise

An der gelben Unterseite, dem olivgrünen Rücken und dem **schwarz-weißen Kopf** kannst du die Kohlmeise gut erkennen. Sie ist nicht nur die größte, sondern auch unsere häufigste Meisenart.

Das Rotkehlchen

Orangerotes Gesicht und **Brust**, rundliche Gestalt und große dunkle Augen – das sind die Merkmale des Rotkehlchens. Trotz seines hübschen Aussehens verhält es sich gegenüber Artgenossen sehr zänkisch. Das Rotkehlchen hält sich meist in Bodennähe auf.

Das Wintergoldhähnchen

Unser kleinster Vogel, mit rundlicher Gestalt und grauolivgrün gefärbt, wiegt nur so viel wie eineinhalb Stück Würfelzucker. Im Winter verlässt er die hohen Baumkronen, um am Boden nach Nahrung zu suchen.

Der Bergfink

Gibt es in unseren Wäldern viele Bucheckern, dann finden sich riesige Schwärme von Bergfinken dort ein. Manchmal mischen sich die **orange-schwarzbraunen** Finken einzeln unter die kleinen Trupps von Buchfinken. Im Frühjahr ziehen die Bergfinken wieder nach Norden.

Wer fliegt im Winter?

Die Amsel

Schwarz mit **gelbem Schnabel** und **Augenring** ist das Amselmännchen, das Weibchen ist dunkelbraun. Heute ist die Amsel in allen Gärten und Parks zu Hause. Sie besucht auch das Futterhäuschen, wo sie besonders gern Rosinen und Apfelstücke frisst.

Der Seidenschwanz

Wenn im Winter die Nahrung im hohen Norden knapp wird, ziehen die graubraunen Seidenschwänze mit den bunten Flügeln und der schnittigen **Federhaube** auf dem Kopf zu uns. Dann kannst du sie in Obst- und Beerengehölzen, die noch Früchte tragen, beobachten.

Register

Impressum

Mit Farbfotos von:
Alfred Limbrunner S. 18 u.r.; 33 u.l.; 46 u.r.; Annette Timmermann S. 10; 11; Dieter Möbius-panthermedia.de S. 27; Dietmar Nill S. 18 u.l.; Blickwinkel/Frank Hecker S. 34; Frank Hecker S. 6; 7; 8; 13; 15; 16; 19 u.l.; 22; 23; 24; 26; 32 u.l.; 36; 37; 40; 43; 44; 46 o.r.; 48; 50; 51; 52; 54; 56; 57; 58; 60 u.r.; Friedheilm Adam S. 47 o.l.; Günter Moosrainer S. 19 u.r.; Günther Synatzschge S. 61 u.r.; H.J. Fünfstück S. 32 o.l.; 60 u.l.; haokar-fotolia.com S. 21; Jürgen Dietrich S. 33 o.l.; Köhler S. 61 o.l.; Konstiantyn-fotolia.com S. 26; Malena und Philipp K-fotolia.com S. 38; Manfred Danegger S. 46 u.l.; 47 u.r.; Manfred Höfer S. 32 u.r.; 33 u.r.; 47 u.l.; 61 o.r.; Peter Zeininger S. 18 o.l.; 19 o.l.; o.r.; 33 o.r.; 47 o.r.; 60 o.l., o.r.; Robert Groß S. 32 o.r.; Roland Spohn S. 43; Roland Vogel-panthermedia.net S. 4; st-fotograf-fotolia.com S. 30; StockPhotoAstur-canstock photo.de S. 29; Thomas Grüner S. 18 o.r.; 46 o.l.; 61 u.l.; Tobias Büscher-fotolia.com S. 8; Toni Angermeyer S. 51; win247-panthermedia.net S. 29.

Alle 15 Spatz-Illustrationen von Frank Schmolke, schmolke.illus-tration; Abbildungen der Nistplattform S. 12 von Wolfgang Lang.

Umschlaggestaltung, Layout und Satz: Walter Typografie & Grafik GmbH, Würzburg, unter Verwendung eines Fotos von axepe-fotolia.com (Rotkehlchen) und auf der Umschlagrückseite von Frank Hecker (Mädchen und Specht).

Unser gesamtes lieferbares Programm und viele weitere Informationen zu unseren Büchern, Spielen, Experimentierkästen, DVDs, Autoren und Aktivitäten findest du unter **kosmos.de**

FSC
MIX
Papier aus verantwor-tungsvollen Quellen
www.fsc.org
FSC® C084279

Gedruckt auf chlorfrei gebleichtem Papier

© 2013, Franckh-Kosmos Verlags-GmbH & Co. KG, Stuttgart
Alle Rechte vorbehalten
ISBN: 978-3-440-13597-6
Redaktion: Teresa Baethmann
Produktion: Verena Schmynec
Printed in Slovenia / Imprimé en Slovénie

Für neugierige Forscher und kleine Entdecker

Justina Engelmann
Mein erstes Unterwegs zum Sternegucken
96 S., ca. 300 Abb., €/D 14,99

Den großen Wagen kennt jeder, aber weißt du auch, wo der Orion am Himmel steht? Mit der drehbaren Sternkarte lassen sich die Sternbilder mühelos entdecken und auf den Entdeckerseiten eintragen. Extraseiten bieten jede Menge einprägsames Zusatzwissen für kleine Hobbyastronomen.

Mit Sternkarte und **nachtleuchtenden** Stickern

Ilka Sokolowski
Mein erstes Mit Lupe und Fernglas unterwegs
96 S., ca. 200 Abb., €/D 12,95

Die Natur hat viele Geheimnisse. Hast du dir schon mal einen Grashüpfer aus der Nähe angeschaut? Es gibt so vieles zu entdecken, wenn du mit Lupe oder Fernglas unterwegs bist. 50 Tiere und Pflanzen werden dir hier vorgestellt. Wo du sie findest, wie du sie am besten beobachten kannst und was du alles über sie wissen musst – bei deiner Erlebnistour in der Natur bleibt keine Frage offen.

Anita van Saan
Mein erstes Unterwegs auf Spurensuche
96 S., ca. 300 Abb., €/D 12,99

Einen Dachs bei der Futtersuche, eine Rosengallwespe beim Schlüpfen oder eine Weinbergschnecke bei der Eiablage beobachten? Mit den richtigen Tipps und Tricks kannst du diese und viele andere Entdeckungen machen. Mit diesem Buch bist du für Expeditionen in die Natur bestens ausgerüstet und wirst ganz schnell zum perfekten Fährtenleser!

kosmos.de   Preisänderungen vorbehalten